서어나무 와불臥佛

서어나무 와불臥佛

김정수 시조집

Sijo Poems by Kim Jeong Su

동학사

■ 시인의 말

나무가 계절에 따라
화장술을 잘하는 숲이 늘 궁금했다
같은 듯하면서도
저마다 다른 색을 지녔기에 숙련된
연금술사만이 다룰 수 있다는
고정 관념을 가지고 있었다.
나는 어떤 모양을 지녔으며
무슨 색일까를 생각해 본다
도대체 알 수가 없다
무채색일까?
아니면 쉽게 색이 바래는
그런 나무일까
오랜 세월 다가서지 못하고
주위만 맴돌았던 문학 언저리
아직 멀기만 하다
달팽이처럼 느리게 가는 길에
신록이 눈부시다
서둘지 않고
저 푸른 숲으로

2015년 초록 여름
김정수

서어나무 와불臥佛 김정수 시조집

01

무지개를 수놓다

02

촛불

03

고사목

04

별바라기 하는 고서

05

곰배령

01 무지개를 수놓다

봄 3중주_매미_세탁소 여씨_세검정_산의 실종_상고대_주산지 물빛_무지개를 수놓다_옹기_뚝배기

봄 3중주

악보를 넘겨 가다 지휘봉 놓친 꽃샘
목련은 소리 없이 색소폰 불다 말고
향기로 남은 음색이 가슴 흠뻑 적신다

통유리 얼음장을 열어젖힌 실개울에
가려워 귀 가려워 물버들이 피나보다
새순이 물에 비치면 피라민 줄 알겠다

다리 위 관광 열차 꽃뱀처럼 달려간다
내 고향 간이역엔 개나리도 피었겠지
내딛는 걸음걸이가 새의 깃털 날린다

매미

합죽선 펼쳐 들고
불 바람 몰아내며

세모시 차려입은
청빈한 선비인가

목청을
높여가면서
칠언율시 읊고 있다

세탁소 여씨

안태가 신의주인 머리 희끗 여씨 노인
다리미 배 선장되어 주름 파도 잠재운다
꾸겨진 기억을 펴서 고향 찾아가고 있다

반세기 훌쩍 넘어 아직 철책 못 거두고
뱃길로도 갈 수 없어 밤마다 꿈길 내어
손과 발 재봉틀 기차 털컥 털컥 달려간다

쑥부쟁이 흔들리는 산모롱이 돌아들면
자꾸만 따라 오는 손을 놓친 피붙이
화통은 핏대를 세워 흰 기적 뭉개 내고

릴레이 꽃소식이 마라톤을 하는 동안
북상을 저지하는 봄눈에도 살이 터져
바통을 받아 쥔 준령 잠시 한눈팔고 있다

세검정

물 좋아 터 잡았나 죽지 편 팔작지붕
역사 속 그 이야기 구름으로 흩어지고
칼 씻은 계곡 물만이 속절없이 흘러갔다

볼모로 끌려갔다 한 깨물고 돌아온 여식
이 물에 몸 씻어도 지워지지 않는 화냥 오명
한 시대 백자 화병이 죽죽 금이 갔었다

인왕산 마주 보고 화답하는 북악 자락
새소리도 거둬가고 물길도 뚝 멈춰
정자도 외로웠을까 도심 향해 내려왔다

산의 실종

올여름 물 폭탄에 산 하나가 무너졌다
망연한 사람들의 하늘 향한 아우성
무심한 흙더미만이 원망으로 쌓였다

이웃끼리 숲을 이뤄 모여 살던 그곳은
무소의 힘에 밀려 빌딩이 솟아나고
백 년도 못 넘긴 도면 바벨탑을 쌓아간다

상고대

별나라 문자일까
달나라 무늬일까

눈빛만 마주쳐도
사르르 녹을까 봐

가녀린
입김조차도
차마 쉬지 못하네

주산지 물빛

산새가 허물인 양 깊숙이 감춘 음부
일제히 나무들은 물빛에 머리 박고
촉수를 더듬어 가며 초음파로 진단한다

움푹한 웅덩이는 내 태어난 자궁이고
몸 담근 왕버들은 아버지의 저문 마중
세상 밖 흘러온 나는 어디쯤에 와 있나

푸름을 밀쳐내고 성큼 다가온 가을
불꽃 담은 산의 정기 아래로 내달리면
펄펄 펄 물이 끓는다 주산이 활활 탄다

무지개를 수놓다

사다리 걸쳐놓듯 계단 쌓은 다랑이 논
시금치 초록 한 뼘 유채꽃도 덧대놓고
종다리 박음질 소리 자투리 천 깁고 있다

시침질 선을 따라 꽃 바늘로 감친 삶을
한 땀 한 땀 길을 내며 구릉 위에 서고 보면
지난날 눈물겨움도 무지개로 떠 있다

개다리 밥상 위에 옹기종기 놓인 그릇
아이들 크는 소리 가만가만 듣고 싶어
스르르 색동 한 자락 꽃무늬로 앉는다

옹기

대대로 물려받은 가난을 못 버리고
오늘도 아버지는 물레를 돌리셨다
가마에 독이 쟁이듯 늘어나는 빚더미

산책 온 초승달을 전등으로 매달고
근심을 무늬 지어 돋을새김 꽃피우면
배시시 얼굴 내미는 자식 같은 질그릇

물독에 서리 앉아 금이 간 세월 앞에
사는 일 버거워져 마음 둘 곳 없을 때
갈대의 울음소리를 담아보라 하신다

뚝배기

허연 김 풀어지는
이른 새벽 시장 골목

장꾼들 시린 속을
가마솥에 끓여내어

걸쭉한
막걸리 사발
사투리로 넘쳐난다

02 촛불

촛불_장바닥 할머니_북촌마을_서어나무 와불_어리연꽃_수선을 하다_햇차_대원사를 가다_쪽파

촛불

당신을 향한 마음 왜 이토록 떨립니까
젖은 손 물기 닦아 성냥을 그어대면
어둠을 떨치는 백학 깃을 치며 납니다

출렁이는 빛의 영토 여기는 어딥니까
아무 말씀 안 하시고 굽어보는 미소 앞에
차라리 눈이 먼 나는 어둠이고 싶습니다

한 포기 풀조차도 제대로 못 거두는
씻을 길 없는 허물 백팔 배로 내려놓고
조용히 옷깃 여미어 산문 밖을 나섭니다

장바닥 할머니

헝클린 푸성귀를 자식인 듯 앞에 놓고

참나무 손마디로 바늘귀 더듬으며

다 낡은 인생을 촘촘 초록 실로 깁는가

북촌마을

날지 못할 날개 펴고 꿈꾸는 처마 끝
바람의 지문 새겨 돌아앉은 돌절구
한 세기 훌쩍 건너온 북촌마을 눈부시다

열여섯 달랑달랑 생기발랄 걸음으로
책가방 걸머쥐고 돌계단 밟던 골목
기억의 흰 장막 위로 독립영화 한 두 컷

시간 멈춘 우물가 허리 굽은 향나무
마른 목 적셔가라 손짓하며 부르는 듯
꽃 담장 어깨너머로 풍겨오는 커피 향

서어나무 와불臥佛

함월산 기림사 앞 입적 못한 부처는
비바람 햇볕만을 공양으로 받아먹고
등피에 천 년 내력을 양각새김 하고 있다

근육질 울퉁불퉁 사천왕상 노거수老巨樹
물소리 얇게 떠서 그늘자리 펴고 앉아
왕매미 철야정진에 독경소리 듣는다

서어서어 목탁 치며 숲 밝히는 딱따구리
할 말 많은 쥐똥나무 흑단주를 돌리며
한 생의 녹록지 않은 쌓인 번뇌 녹여낸다

어리연꽃

연못 위 널따랗게 펼쳐진 둥근 방석
노랑나비 정자 삼아 사뿐 내려앉으면
졸음을 이기지 못해 고개 반만 들었다

수선을 하다

넝쿨 감는 아침 햇살 또 하루 문을 연다
뒤섞인 서류 마냥 어지러운 옷가지들
낯설은 얼굴 하나가 하품으로 쩍 벌린 입

닦지도 못할 상처 오랜 배회 끝에 서면
낡아서 헤지고 터진 것이 어디 너 뿐일까
마음이 쌩 바람에 찢겨 너덜너덜 거릴 때

좁은 길 달려가다 가쁜 숨을 고르고
오늘도 어김없이 안경 위로 쓴 돋보기 너머
오월의 거리거리에 이팝꽃이 절정이다

햇차

아침이 샘물처럼 고이는 푸른 창가
한 모금 석간수로 수다 떠는 참새 떼
새순의 맑은 연두 빛 입 안 가득 싸하다

대원사를 가다

잰걸음 무서리가 바래봉을 오르다
팔부능선 주저앉아 화문석 짜고 있다
용추담 좌선한 물소리 동안거 채비하고

지난여름 밟고 와 느긋 쉬는 고라니도
초롱한 눈망울이 맑은 숲을 닮았고
낙엽이 백팔염주를 사각사각 깎고 있다

신발창 다 닳도록 달려온 하늘 바람
속세의 매운 정을 뿌리치기라도 하듯
애꿎은 청동 물고기만 허공으로 띄운다

쪽파

톡 쏘는 매운맛에 눈물 찔끔 쏟다 말고
괜스레 보고 싶은 파뿌리 내 어머니
안으로 감싸던 그 맘 혀끝 다 얼얼하다

03 고사목

고사목_연밭_초당의 밤_가을 계곡_고향집_아버지_바다일기_열무김치_수세미_봄을 읽다_산방에서_홍매

고사목枯死木

태백산 팔부능선 먹다 남은 하얀 낮달
어쩌면 이곳에서 다비식이 있었던가
풍화에 다 타고 남은 신령스런 흔적들

흰 구름 쉬어가는 아흔 굽이 능선 따라
버거운 등짐 벗고 먼 길 가신 아버지
세월에 표백 된 채로 굽은 등뼈 아닐까

천년 애기 내려놓고 은빛으로 걷는 주목
칼바람 날을 세워 아린 상처 상감象嵌하며
눈발 속 어진 저 성자 내생來生 향해 가고 있다

연밭

진흙을 곱게 빚어 청기와 이운 가람
바람은 쉴 새 없이 이슬염주 굴러대며
처마 끝 비단 등 하나 사바세계 밝힌다

초당의 밤

왜바람 잦아들면 고요 또한 한결 깊어
부엉이 목이메어 울다 놓친 겨울밤
달빛만 낡은 창호에 묵죽을 그려낸다

학연아, 우울 컥 동백꽃이 떨어진다
공연히 근심할까 도로 접은 간찰 너머
식은 잔 돌아앉아서 찻물이 끓고 있다

깨어나라 밤늦도록 늦잠마저 갉아먹던
외로움은 쌓여 만 섬, 붓끝을 고쳐 잡으면
심서心書*의 저린 행간이 닭 울음을 울린다

---

* 심서心書 : 목민심서牧民心書

가을 계곡

한여름 불볕더위 씻어 내린 계곡따라
노루 눈 닮은 머루 익어가는 깊은 하늘
계절은 붉게 물들어 친구인 듯 정겹다

고향집

오동잎 부채질로 끓고 있는 미역 장국
마당 가 들어서면 갯내 확 풍겨온다
텃밭에 호박꽃 전등 주렁주렁 매달고

따라온 섬 그림자 마루 끝에 누워서
해조음 소곤대며 가족얘기 엿듣는다
초승달 담을 넘어 와 웃음 설핏 흘릴 때

하루해 불새 되어 날아간 서녘 하늘
어둠은 물속 깊이 그리움 드리우면
강 건너 밤의 도시는 불빛들을 산란한다

아버지

욕탕에서 처음으로 높은 산을 보았다
팔십 해 등짐 지고 끙끙대며 어찌 왔나
바위로 솟아난 능선 바람마저 비껴간다

바다 일기

새벽어둠 밀쳐내고 바다 밭 일군 뱃길
순금 빛 이랑이랑 번들대는 물미역
일출은 성큼 낫 들어 파도 허리 자른다

아낙의 펼친 난전 질펀한 작은 포구
행성과 행성끼리 주고받는 밀어들
쨍쨍한 햇볕 당겨와 젖은 생각 말린다

가냘픈 몸뚱이로 견뎌온 생의 터전
파도 책장 펼쳐들고 소리 내어 읽어가다
갈매기 상형문자로 환칠하는 백사장

열무김치

지난날 손맛으로
담궈 본 열무김치

서걱서걱 입 안 가득
고향 하늘 다가서고

한여름
찌는 더위도
내내 잊고 살겠네

수세미

분양받은 텃밭 집 넝쿨손이 바쁘다
한지도 발라야지 꽃등도 달아야지
맨발로 뙤약볕이고 돌아치던 한여름

늦은 밤 고요 속에 더위마저 물리고
깊숙이 가두고 산 지우지 못한 상흔
검게 탄 속까지도 더 희디희게 닦는다

이날이 오기까지 오랜 갈증 견디고
안 골목 바깥 골목 온통 등을 내걸어
청기와 이운 방마다 촉광으로 현란하다

봄을 읽다

지하도 5번 출구 어정어정 빠져나와
토막잠 자던 나무 솜바지 훌러덩 벗고
뚜 두둑 무릎관절의 나사를 풀고 있다

골목길 햇살들이 고무줄놀이 한창일 때
졸음에 빠진 고양이 곁눈질에 들켰다
목련은 눈을 피하며 옆집 담을 슬쩍슬쩍

이른 아침 봄 도서관 사서는 안 보이고
산수유 강아지풀 허어리 막 배달된 신간
잘난 척 수수꽃다리 바람 책을 꽂는다

산방山房에서

산길로 자박자박 늦가을이 걸어와
고운 앞섶 여미고 달빛 흥건 먹을 간다
담묵은 빠른 붓질로 청대 밭 깨우는 밤

조잘대던 계곡 물도 말문마저 닫아걸고
스스로 자지러져 눈발 터는 은빛 하늘
쩌엉쩡 언 강이 울어 귓불이 시려온다

그믐달 고운 눈매 격자창을 열고와
죽로차 끓여내는 새벽은 더 푸르고
어둠을 씻은 고무신 댓돌 위에 웃고 있다

홍매

백일 맞은 아가처럼 옹알이가 한창이다
창호문 콕콕 뚫고 찾아온 하늬바람
추위쯤 아랑곳 않고 웃음 동동 띄운다

04 별바라기 하는 고서

별바라기 하는 고서_아스팔트_해안선_북엇국을 끓이다_삘기_늦가을 문안_아라홍련_염전에서_북녘을 바라보며_생선가게 앞에서

볕바라기 하는 고서古書

목기木器도 손때 타면 문화재 된 세상
오롯이 한 세기를 담고 있는 고서古書 같은
눈빛이 젖은 노인들 볕바라기 하고 있다

지난 세월 힘겨움을 책갈피로 넘겨보면
급류를 벗어난 듯 가슴팍 쐐기 소리
종착지 바다는 아직 눈꺼풀에 가물대고

어쩌면 산다는 건 또 하루를 견디는 것
풀씨는 어디서 와 저리 꽃을 피웠는지
시멘트 갈라진 틈새 환히 웃는 민들레

쓰다만 손 수첩에 각필角筆로 주를 달면
새떼처럼 내려앉아 오종종 몰린 낙엽
무너져 내린 외로움 산그늘이 덮쳐온다

아스팔트

사나운 물살 찰랑 뱃전을 넘어올 듯
불안한 강 위에서 노를 젓는 할머니
기우뚱 쟁여진 폐지 위태위태 보인다

물에서 건져낸 듯 천만 근 젖은 몸피
먼 길 헤쳐 오느라 소금기에 절여 졌나
연륜의 문신을 새겨 검버섯 숭숭 박혔다

가슴에 대못 박는 환청 같은 경적 틈새
왕벌 앵앵 엔진 소리 머리칼은 쭈뼛 서고
강풍에 멎어진 심장 닻줄 끊겨 표류한다

해안선

파도가 그리워서
바다로 뻗은 철로

목침의 실로폰을
갈매기가 연주하면

사랑은
꼭짓점에서
기적 울려 달려온다

북엇국을 끓이다

속 펄펄 끓는 날은 북어가 생각난다
빳빳한 아집들을 방망이질로 탕탕탕
가끔은 분풀이 하듯 확 두들기고 싶은 게다

이순의 나이에도 술타령 하는 이 남자
선창후창 바가지로 귀 팍팍 긁어도
오가다 부딪친 소리 피할 수만 없는 것

허물도 오래되면 삭아져 정이 들듯
사는 일 안 풀릴 때 숙취 같은 속병 위해
이 아침 뜨끈뜨끈한 북엇국을 끓여낸다

삘기

누이야, 보릿고개 허기를 달래주던
달짝한 배동 속살 손짓으로 나부낀다
그해 봄 설움 한 줄을 세필 들어 쓰는 시

늦가을 문안

마른 억새 서걱대는 희미해진 길을 따라
헛헛한 생의 뒤안길 가슴속 잠재우고
초로의 한 사내처럼 휘적휘적 걸어가네

녹이 슨 양철 대문 삐걱 열고 들어서면
비단 가난 살림살이 가지런히 챙겨놓고
아버지 머물던 자리 야윈 햇살 비낀다

막사리 시월 하늘 휘돌아 가는 구름
찬 서리 장끼 울음 넘나드는 산비탈에
기와골旗窩谷 와르르 쏟아 타고 있는 밑불들

아라홍련*

마적이 달려오듯 연잎 밟고 오는 소나기
무너진 왕조인 양 성터만 남은 지도엔
구겨진 밀지를 펴듯 연잎 동동 뜨고 있다

아라리 아리아리 고개 못 넘은 아라가야
칠백 년 넘어오며 저만 남은 목숨인 듯
몇 톨의 꿈은 되살아 너울너울 춤을 춘다

구름이 흘러간 뒤 하늘은 더욱 높고
한 세상 흘린 일이 물에 비친 구름 같아
꽃잎은 바람에 주고 해를 가만 받는다

---

* 아라홍련 : 경남 함안 성산산성 아라가야 (67호) 고분에서 출토된 칠백 년을 건너온 연꽃 씨앗

염전에서

부평초로 이끌리어
한 평생 떠돌다가

불바람 뒤척이다
마지막 찾은 안거

속을 다 비쳐 보이며
흰 사리로 남았다

북녘을 바라보며

허옇게 날이 선 얼음장 속 갈라놓고
키 낮은 싸리나무 졸음을 쫓는 눈빛
구름은 본체만체하고 제 갈 길만 재촉한다

메아리도 사라졌을 붉은 살점 덜어낸 산
뼈마디 통증으로 아리게 박혀오고
무리 진 오랑캐꽃만 눈치 없이 피었다

철책 저편 명사십리 갈매기 울음 편지
아버지 다랑논에 두고 온 조선낫은
외발로 산 세월만큼 퍼런 녹이 슬었단다

생선가게 앞에서

제주서 막 데려온 싱싱한 은갈치들
물의 세상 궁금한지 눈알 렌즈 돌려댄다
알전등 마수걸이로 인화되는 이른 새벽

05 곰배령

곰배령 _ 하늘재 _ 옥수수 _ 민달팽이 _ 통영의 아침 _ 호반에서 _ 낙엽 _ 꽃사태 _ 초겨울 _ 숲길 _ 바람언덕

곰배령*

난쟁이 풀꽃평원 깨금발로 다가서면
외부인 경계하듯 달랑대는 은방울꽃
나리도 궁금했던지 두 귀 쫑긋 세운다

스르르 성문 열고 검문하던 안개군단
등산객 안내하며 반기는 멧새 부부
둘레길 앉아다 날며 저만치 앞장선다

실개울 졸졸 풀어 펼쳐놓은 자연책
진득한 삶의 욕망 다 내려진 늪지 위로
가야 할 방향 표시등 노랑나비 날고 있다

* 곰배령 : 강원도 인제군 점봉산 소재

하늘 재

하늘 끝 닿아있는 월악산 고갯길에
찰나인 듯 산 쩡쩡 흩어진 메아리들
지난 꿈 눈물에 젖어 구름으로 날고 있다

긴 머리 둘둘 말아 풀잎으로 질끈 묶고
금강산 찾아가는 마의태자 눈물 재
남루한 베적삼 속에 살을 에는 망국 설움

천 년 비바람에 가람은 흔적 없고
황막한 성터에는 선인들의 자취만 남아
모든 게 부질없다며 바람처럼 살라 한다

옥수수

가끔씩 화물차만 쉬다 간 효자역에
객지 간 아들 녀석 마중 나온 어머닌 듯
기다림 은발 되도록 손주 업고 서있다

민달팽이

외로운 바람 지고 초원으로 가는 유목인
내 친구 같은 너를 물끄러미 바라보며
일상의 바쁜 마음을 한 박자씩 늦춰야지

척박한 생존 앞에 어쩔 수 없는 일일까
풍난 뿌리 갉아 먹고 시치미 뚝 떼고 있다
누군가 말을 건넸다 그 정분을 잊지 말라고

서러운 눈물 닦은 흔적이 선명하다
평생을 몸 누일 방 한 칸 마련 못 해도
온 가족 거느리고서 비 그친 뒤 길 나선다

통영의 아침

은빛을 쏟아 붓는 퍼덕이는 새벽 어장
경매꾼 날랜 손끝 휘파람이 낚아채고
짐 부린 통통배 느긋 목이 쉬어 귀가한다

황금빛 햇덩이를 릴낚시로 감아대다
물비늘 뚝뚝 지며 휘어버린 수평선
세상은 난바다처럼 사납게 넘실댄다

이곳의 갈매기는 사투리로 흥정한다
"문디야 말이면 다가 고마 마수해라"
소금기 절인 인정이 치맛자락 잡아끌고

벅적이던 더운 입김 썰물로 빠져나가
졸음 겨운 섬 하나 연신 하품 해댈 때
뒷짐 진 배부른 선창 이쑤시개 물고 있다

호반에서

느림보 새벽안개 호수에 풀어놓고
분백지에 배롱 꽃 출력 해둔 문장들
호반새 물가에 앉아 비색으로 필사한다

낙엽

거미줄에 잎새 하나 대롱 맺힌 물방울
산새가 물고 왔나 꿰다 만 유리구슬
다가온 하늘 바람이 궁금한지 묻는다

바삭대다 붉은 가을 그림자도 지우고
아쉬움 어쩌지 못해 푸석이다 날아가면
두 팔을 하늘로 뻗어 관음이 된 겨울나무

꽃사태

앞바람 줄달음질 물감 풀기 바쁘다
질펀해진 산비탈 풍경화로 들썩이고
누비옷 벗어 던진 채 어깨춤이 덩실댄다

봄 산의 줄기 따라 꽃불 활활 지펴두고
그대가 불씨 든 채 아득히 갈까 두려워
꽃 대문 열어두고서 넓은 마당 서성댄다

복수초 펼친 자리 참꽃이 다녀가고
골짝마다 눈 비비는 생강나무 노란 시집
개울이 더듬거리며 조심스레 읽어 간다

초겨울

경쾌한 갈대 첼로 놓쳐버린 저음 몇 개
눈치 빠른 전봇대가 재빠르게 잡아채고
하오下午의 인생 3막 2장 화음을 맞춰간다

숲길

산 중턱 노천카페 개방된 화실에는
구절초 진한 향이 마음을 불러들여
덤으로 유화 몇 점을 눈빛으로 가져왔다

바람 언덕*

통통배 물길 열어 수평선 넘어갈 때
떠난 이 손사래는 포말로 부서지고
갈매기 외오돌다 와 득음으로 맑힌 울음

가만히 눈을 감고 빙그르르 돌아보면
삶의 어둠 밝혀줄 비질하는 어둑새벽
한바다 말갛게 씻은 해 남실남실 띄운다

파도 소리 올레길에 비파 음 따라가다
갯바람 뼈마디 삭아 소금 꽃 맺힌 자리
하얗게 웃는 왕해국 등대인 양 환하다

---

* 바람 언덕 : 경남 거제 바닷가 언덕 이름

해설

인간과 자연 기억하기의 시적 공간

인간과 자연 기억하기의 시적 공간
–김정수 시조의 경우

임종찬(시조시인·부산대 명예교수)

고시조부터 현대시조에 이르기까지 많은 작품 속에서 자연은 언제나 중요한 시적 대상 또는 창작의 기반으로 자리하여 왔다. 시대마다 작품마다 자연을 어떻게 인식하느냐 하는 시각이 조금씩 다를 뿐, 시조 속에서 자연을 그려내고 자연을 통해 얻은 정서와 깨달음을 드러낸다는 점에서는 큰 공통점을 발견할 수 있다.

김정수 시인의 시조집 『서어나무 와불臥佛』에서도 역시 자연을 노래하고 있는 작품이 자주 눈에 띈다는 점이 이 시조집의 특징을 이루고 있다. 그러면서 시인은 세 개의 시적 공간을 마련하여 자신이 시를 쓰게 된 근원과 시를 통해 지향하는 세계를 표출하고자 하는 모습을 진지하게 보인다. 말하자면 시인의 시적 공간은 유년에 대한 기억의 공간에서 작은 역사와도 같은 인간의 보편적 삶이라는 공간, 자연을 관조하는 공간으로 확장되고 있으며, 이 안에서 자연은 이상적 세계로서 시인의 시적 지향을 나타내는 대상이자 시적 사유의 놀이 공간이라는 의미를 가지며 나타난다.

아버지 혹은 눈물겨웠던 삶과의 포옹

바슐라르에 따르면, 영혼과 정신이 몽상을 통해, 몽상 속에서 결합할 때 기억은 상상력과 결합할 수 있고, 그 결합 속에서 우리는 과거를 다시 체험할 수 있다고 하였다. 그리고 그러한 추억 속에서 과거는 그대로 지각되기보다는 우리가 보고 싶어 하는 이미지의 형태로 새롭게 채색되어 떠오르게 된다는 것이다.

> 시침질 선을 따라 꽃 바늘로 감친 삶을
> 한 땀 한 땀 길을 내며 구릉 위에 서고 보면
> 지난날 눈물겨움도 무지개로 떠 있다
>
> –「무지개를 수놓다」 부분

「무지개를 수놓다」에서 우리는 김정수 시인의 시작詩作 태도를 엿볼 수 있다. 이는 달리 말하면 '나는 왜 시를 쓰게 되었는가'라는 스스로의 물음에 대한 대답이다. 김정수 시인의 시작詩作은 눈물겨웠던 지난 삶의 기억을 '꽃바늘'로 감치듯 시를 통해 환기하여 그 위에 '무지개'와 같은 이미지를 덧입혀주고자 하는 데에서 출발하는 듯하다. 눈물겨운 삶의 흔적을 가진 영혼이 시 정신과 만나 아름답고 가치 있는 추억으로 남기를 바라는 마음, 그렇듯 힘겨웠던 과거를 시를 통해 껴안고자 하는 마음이 시인으로 하여금 시를 쓰게끔 한 근원이었으리라. 그는 시로써 과거를 덧칠하고 과거의 아픔을 치유하고자 하는 것일까.

대대로 물려받은 가난을 못 버리고
오늘도 아버지는 물레를 돌리셨다
가마에 독이 쟁이듯 늘어나는 빚더미

산책 온 초승달을 전등으로 매달고
근심을 무늬 지어 돋을새김 꽃피우면
배시시 얼굴 내미는 자식 같은 질그릇

-「옹기」 부분

흰 구름 쉬어가는 아흔 굽이 능선 따라
버거운 등짐 벗고 먼 길 가신 아버지
세월에 표백 된 채로 굽은 등뼈 아닐까

-「고사목枯死木」 부분

'대대로 물려받은 가난' 속에서 살았던 어린 시절, 물레가 돌아가듯 부지런히 일을 하고 또 해도 부채만 늘어가던 날들. 그러한 기억에 의해 시인에게 '삶이란 불볕 아래 짜디짠 소금사막'(「고비사막」)으로 비유될 수 있는 것으로 여겨진다. 이때 아버지는 힘겨웠던 유년의 삶을 지탱해준 존재로서 그려지고 있다. 즉 사실 가난으로 힘겨웠던 것은 '나'가 아니라 '아버지'였다. '아버지'의 희생과 고생으로 일구어진 생활 위에서 어린 '나'와 가족은 가난하나마 구차하지 않은 '비단 가난 살림살이'(「늦가을 문안」)라고 할 수 있었던 것이다. 자식의 얼굴을 떠올리며, 자식들의 생활과 미래에 대해 근심하며 밤늦도록 홀로 외로운 노동을 반복해온 아버지는 '팔십 해 등짐 지고 끙끙대며'(「아버지」) 살아온 존재로서 환기되고 있다.

시인은 '아흔 굽이 능선 따라' 가장으로서의 삶이라는 무거운 짐을 내려놓은 아버지를 추억하기 위해 유년의 기억으로 되돌아간다. 그는 현재 이순이 넘은 시인으로서, 당시 젊었던 아버지를 떠올리며 그때의 아버지가 짐 지었던 고난을 생각한다. 삶의 번민과 아버지의 생生을 이해하고 있는 시인의 정신이 시적 공간이 주는 상상력을 통해 유년의 영혼과 만나고 있다. 나이든 시인이 과거 젊었던 '아버지'의 마음을 헤아리는 것은 현재의 자신을 다시 아버지 대역자로서의 자기 확신, 그것의 자각을 지금 느끼는 것 아니겠는가.

인간, 작은 역사에 대한 긍정적인 시선

가난했던 유년의 삶과 가족을 지켜온 아버지의 생애를 따뜻하게 껴안고자 하는 마음에서 진솔하고 소박하게 시작된 김정수 시인의 창작은, '다 낡은 인생을 촘촘 초록 실로'(「장바닥 할머니」) 기워서 시를 이룰 수 있다는 태도로 이어진다. 그렇게 그의 시적 공간은 자신의 삶의 공간을 공개해 타인의 삶, 보편적인 삶에로의 확대를 상상하고 있다.

> 지난 세월 힘겨움을 책갈피로 넘겨보면
> 급류를 벗어난 듯 가슴팍 쐐기 소리
> 종착지 바다는 아직 눈꺼풀에 가물대고
>
> 어쩌면 산다는 건 또 하루를 견디는 것
> 풀씨는 어디서 와 저리 꽃을 피웠는지
> 시멘트 갈라진 틈새 환히 웃는 민들레

–「볕바라기 하는 고서古書」 부분

시인은 볕을 쬐고 있는 노인들의 젖은 눈빛에서 그들의 힘겨웠던 지난 삶을 읽어낸다. 그들은 한 세기의 시대적 격동을 그 몸에 체험과 기억으로 담고 있는 살아 있는 고서古書와 같은 존재들이다. 그들은 단순히 낡은 책과 같은 구시대를 상징하는 존재가 아니라, 책갈피마다 역사들이 값지게 기록되고 삶의 무게가 각인된 존재로서 긍정된다. 보통 사람들의 삶과 기억은 그들 각자가 주인공인 '독립영화'(「북촌마을」)처럼 그들의 얼굴과 시인의 상상력으로 상영시킨다.

힘겨운 세월을 견디던 삶에서 외로운 시간을 견디는 삶으로 변화하는 게 인생인가, '어쩌면 산다는 건' 그렇게 견딤의 연속일지도 모른다. 그리고 시인은 그 견딤에 긍정적인 의미와 가치를 부여함으로써, 그러한 삶을 긍정적으로 바라보고자 한다. 팍팍한 삶의 틈새에 핀 예쁜 꽃을 발견해내듯이.

물 좋아 터 잡았나 죽지 편 팔작지붕
역사 속 그 이야기 구름으로 흩어지고
칼 씻은 계곡 물만이 속절없이 흘러갔다

볼모로 끌려갔다 한 깨물고 돌아온 여식
이 물에 몸 씻어도 지워지지 않는 화냥 오명
한 시대 백자 화병은 죽죽 금이 갔었다

-「세검정」 부분

시인은 역사적 장소 또는 박물관과 같이 역사의 현장을 시 속에 종종 등장시키며 과거 보통 사람들의 삶을 읽어내고자 한다. 역사는 계곡물이 흘러가듯 지속되고 있다. 그런데 욕망의 물결로 번들대며 흘러온 역사는 그 물살 속에서 상처를 입은 사람들을 간혹 잊기도 하지만 상기해야 하는 당위가 역사임을 김 시인은 강조하면서 시로서 새 역사를 쓰려 한다.

시인은 인조반정 때 칼을 씻었던 자리로 기억되는 세검정이라는 역사적 장소를 보면서, 병자호란 때 볼모로 잡혀갔다 돌아온 여성들의 상처를 환기한다. 세검정은 냇물에 몸을 씻고 돌아오면 절개를 상실한 것을 허물로 삼지 않는다는 말에 그 여성들이 몸을 씻었던 홍제천의 한 귀퉁이이기도 한 까닭이다.

나라의 전쟁으로 인해 끌려갔다가 치욕스러운 일을 겪고 목숨만 부지한 채 환향한 여성들에게 정조를 잃은 '화냥년'이라는 오명을 들씌운 역사를 시인은 비판한다. 피해자인 그들에게 그렇게 오명을 남김으로써 이중의 상처를 입힌 시대는 금이 죽죽 간 백자화병처럼 온전하지 못한 역사로 인식된다. 그러한 인식은 잊힐 수 있는 존재들을 따뜻하게 감싸 안고자 하는 시인의 태도와도 맞닿아 있는 지점이다. 그리고 시인은 그러한 존재들의 삶을 다시 돌아보는 시선으로 오늘에 되새김 하자는 것이다. 마음이 따뜻하지 않은가.

자연, 시의 근원이자 지향

상상을 통해 과거의 가치들을 체험하고자 하는 행위는 우리의 정신적 공간을 확장시킨다. 이때 이러한 정신적 확장을 위해서는 커다란 휴식의 평화가 필요하다. 그 휴식의 평화 위에서 시인은 어린 시절, 더 나아가 존재의 근원까지 거슬러 올라갈 수 있게 된다.

김정수 시인에게 큰 휴식의 평화를 주는 공간은 자연이다. 『서어나무 와불臥佛』에 수록된 시조 중 대다수는 봄, 가을, 초겨울, 바다, 산사, 산방, 통영, 하늘재, 곰배령, 바람언덕, 경주 기림사, 대원사 등 계절과 장소를 시적 공간이자 대상으로 삼고 있다. 이 자연 공간은 단순히 배경으로 등장하고 있는 것이 아니라, 그 자체가 시상의 중심이면서 자신의 심경이 친자연에 있음을 입증한다. 그리고 시인은 자연 공간의 모습을 묘사하면서 시인으로서의 관조의 시선을 다듬어가고 있는 것으로 보인다. 그러한 관조의 시선은 힘겨웠던 삶을 아름답게 돌아볼 수 있게 하는 시선의 힘으로 작용한다. 즉, 삶과 인간을 돌아보게끔 한 근원이 아버지에 대한 기억이라면, 그 돌아보는 시선에 시적인 힘을 부여하는 근원은 자연에 대한 관조라고 생각된다. 그 관조적 시선 위에서 삶과 인간은 미적으로 다시 기억될 수 있는 것이다.

움푹한 웅덩이는 내 태어난 자궁이고
몸 담근 왕버들은 아버지의 저문 마중
세상 밖 흘러온 나는 어디쯤에 와 있나

-「주산지 물빛」 부분

자연을 관조하는 시선이 인간에게로, '나'에게로 전이될 수 있는 까닭은 그 모두가 시공간을 초월한 큰 자연 안에 포함된 존재이며 자연을 이루고 있는 존재이기 때문이다. 시인은 자연을 마주하며 그 속에서 세상 밖에 나오기 전의 '나', 곧 세상에 존재하기 전의 존재, 존재의 상류를 그곳에서 찾는다. 이 작품 속에서 주산지의 웅덩이는 '나'의 존재의 근원이자 다시 돌아갈 곳으로 상상된다. '나'는 '나'와 '아버지'를 '왕버들'과 같이 대립적이지 않고 조화로운 자연의 일부로 위치시킨다.

이웃끼리 숲을 이뤄 모여 살던 그곳은

무소의 힘에 밀려 빌딩이 솟아나고
백 년도 못 넘긴 도면 바벨탑을 쌓아간다

–「산의 실종」 부분

위의 시조는 빌딩 건설에 밀려 산이 사라지는 거센 도시화의 물결에 대한 비판을 담고 있는 작품이다. 그런데 여기에는 흔히 볼 수 있는 인간(문명) / 자연의 대립 외에 다른 관계를 더 발견할 수 있다. 산을 무너뜨리고 건물을 새로 짓는 재개발에 밀려 집을 잃은 사람들, 무분별한 개발로 인해 더 크게 발생한 자연재해에 피해를 입은 사람들을 인간(문명)이 아닌 자연 속에 포함된 존재로 상정하고 있는 것이다. 자연과 이웃처럼 숲을 이루며 살던 자연의 일부로서의 사람들이 도시문명에 자연과 함께 밀려나는 것에 대한 비판 속에는 존재의 근원으로서의 자연에 대한 인식이 들어 있다. 아무리 문명에 의해 자연이 망가져도 결국 망가지는 것은 문명이므로 곧 자연으로 환원할 수밖에 없는 것이 이치임을 말한다고나 할까. 무너진 바벨탑(문명)을 미리 보는 시적 상상력은 대단하다.

목청을
높여가면서
칠언율시 읊고 있다

–「매미」 부분

가냘픈 몸뚱이로 견뎌온 생의 터전

파도 책장 펼쳐들고 소리 내어 읽어가다
갈매기 상형문자로 환칠하는 백사장

-「바다 일기」 부분

복수초 펼친 자리 참꽃이 다녀가고
골짝마다 눈 비비는 생강나무 노란 시집
개울이 더듬거리며 조심스레 읽어 간다

-「꽃사태」 부분

시인에게 자연은 존재의 근원이자 시적 관조의 바탕이 되는 공간이다. 또한 자연은 그 자체로 시를 만들어내는 유기체적 존재로도 인식된다. 매미의 울음소리는 해석이 더딘 칠언율시로 다가오고, 파도는 바다를 터전으로 삼아 견뎌온 인간 삶이 기록된 책장으로 읽혀지며, 갈매기의 날갯짓은 오래된 언어로 느껴진다. 그뿐만 아니라 생강나무가 그 자체로 한 권의 '노란 시집'이 되면, 개울이 그 이미지와 의미를 읽어내는 시적 조응이 자연 안에서 조화롭게 이루어지고 있는 것으로 보인다.

단순히 자연을 읊는 게 아니라 자연에서 읽어내는 해독력, 그는 이 해독력으로 시를 쓰는 시인이다. 달리 말하면 자연이 스스로 시를 써서 시인에게 던져준다고나 할까. 이런 시법이 김 정수 시인의 독보적 시작태도다. 있는 그대로의 자연처럼 조화로우며 평화로운 시세계, 그것을 그대로 옮겨 놓은 것 같은 편안하고 자연스러운 창작을 시인은 지향하고 있는 것이다. 더

불어 그 안에서 '나'와 '아버지'의 삶마저도 평범하지만 아름다운 보편적인 가치로 재의미화될 수 있기를 기구하는 시인의 정신은 남다른 가치를 가지고 있는 것 같다.

시로 향한 집념, 시를 만드려는 노력이 남달라 보이는 점도 이 시집의 가치를 더할 것 같다. 그러한 마음으로 의미 있는 첫 시조집을 상재한 김정수 시인에게 축하의 말을 건넨다. 다만, 일관된 지향을 드러내는 일에 치중하는 과정에서 발생하고 있는 시어의 중첩, 유사한 이미지의 반복은 앞으로 시인이 더 많은 작품을 창작해 나가는 데 있어 주의를 기울여야 할 일이라고 당부해두고 싶다.

김정수 金貞秀

1953년 경북 영일 출생. 2012년 부산전국시조백일장 장원. 2013년 가람 이병기 추모 전국시조현상공모 장원. 2013년 화중련 신인문학상 당선. 제38회 샘터시조상 수상. 2014년 국제신문 신춘문예 시조 당선. 한국문인협회, 한국시조시인협회, 오늘의시조시인회의, 부산시조시인협회, 울산문인협회, 울산시조시인협회 회원. 현재 동목수필문학회 회장.

E-mail : kimsi1002@hanmail.net

서어나무 와불臥佛

지은이 · 김정수
펴낸이 · 유재영
펴낸곳 · 동학사

1판 1쇄 · 2015년 8월 24일
출판등록 · 1987년 11월 27일 제10-149

주소 · 121-884 서울 마포구 토정로53 (합정동)
전화 · 324-6130, 324-6131 | 팩스 · 324-6135
E-메일 | dhsbook@hanmail.net
홈페이지 | www.donghaksa.co.kr
www.green-home.co.kr

ISBN 978-89-7190-491-6 03810